JN411311

허정란 시집

봄이 왔다 갔나 봐요

ⓒ 봄이 왔다 갔나 봐요

지은이 • 허정란

펴낸이 • 강옥현

주 간 • 양재일

발행처 • 도서출판 오감도

초판 인쇄 • 2022년 11월 25일

초판발행 • 2022년 11월 30일

전화 070-7778-2591 010-3206-2591

팩스 (031) 775-0161

출판 등록일 • 일제 10-1651(98. 10. 15)

서울시 중구 을지로3가 268 유일빌딩 604호

ISBN 978-89-5698-411-7 03810

값 10,000원

*이 책은 진주문화관광재단 기금 지원사업의 지원을 받아

발간되었습니다

시인의 말

수필 속에서 시를 써 왔다
수필집 『어머니의 연서』 이후,
먼 길 걸음걸음 첫 시집을 엮었다

풀숲에 누워 계시는 어머니
제 가슴속 오래 삭힌 옹이, 관솔불로 피어
어둠과 추위를 태우는 모습을 보시면서
벙긋이 웃으시겠다

'마음은 변하는 것이에요'
네 살 손자가 건네는 귀엣말
잠언으로 다가오는
사랑스러운 가을 아침이다

사랑합니다! 고맙습니다!

2022년 가을 칠암동에서

1부

하현달

2부

엄마의 정원

3부

별똥별

4부

구석 놀이

5부

기억은 과거를 먹는다

1부

하현달

하현달

타작마당에는
타임머신을 타고 온 여자들이 모여 있습니다
딸아이의 엄마, 엄마의 엄마
젊은 할머니는 나락 가마니를 업어요
아홉 살 나도 종종걸음이랍니다

가을마당 한 모퉁이엔
아버지와 큰오빠의 무덤이 나란히 가을걷이를 돕고 있어요
둘째 오빠는 역마살이 들어 부재중이에요
이슥한 밤이에요, 벼 타작은 끝을 모르죠
소음이 심한 원동기는 가다 서다
북데기는 산을 쌓아 하현달 끌어와요
둥근 산더미만 보면 잠드는 아이랍니다
눈매가 슬픈 하현달은 자장가를 불러 주지요
사랑은, 모질고 질긴 다섯 배미 가을 타작마당
찬 서리에 하얗게 야위어가고 있답니다

젊은 엄마가 꺼져가는 하현달을 껴안은 가을마당
아버지의 지독한 유산이랍니다

봄이 왔다 갔나 봐요

당신의 빈집입니다, 고요예요
지독한 울음도 되레 고요잖아요

빨간 벽돌 양옥집 생각나세요
빗방울 후드득, 마을 사람들 몰려오던
흙탕물 진창이던 여름날이었죠
계단에서 맨발로 내려오던 엄마는
손사래 칠 여유도 없었지요,
빗물 범벅이 된 아버지를 방에다 부렸어요
빗물이 핏물이 되는 것도 그때 알았지요
그날 이후 벽돌집 장미 넝쿨 유난히도 붉었던,

한창 몸에 붉은 피가 돌던 서른여섯 어머니는
마흔 해를 훌쩍 넘긴 일흔아홉까지
붉은 새벽을 몰고 다녔지요
아침을 깨우는 어머니의 키질은 목이 쉰 수탉 울음이랍니다

대문이 입에다 자물쇠를 깨문 뒤부터
집을 고요라고 불렀답니다
입술 다문 수도꼭지, 뚜껑 열린 적 없는 장독들
다만 마당의 자목련은 주인의 기품을 닮아
송이째 툭 몸을 내던지기 일쑤였죠

고요를 다스린 건
떨어진 목련 꽃잎들이었나 봐요
벌써 당신의 뜨락엔 봄이 왔다 갔나 봐요

붉은 연못

헝클어진 하루를 가둬놓은 연못
붉은 잉어는 제자리걸음만 반복한다

가족사진을 베낀 예말리 둑
벽에 붙은 패밀리 광고지다
과거의 못 속에서 헤엄치던 잉어
지느러미 흔들어 붉은 연꽃을 피운다

언제 적 일일까,
또래 엄마가 있고 언니가 있고
또래의 아들딸 나란히 앉아 있다
연꽃 벽지에 붙은 외줄을 타고 가족사진 웃고 있다
너울너울 웃고 있다

하, 쪼르르 잉어 떼 물결을 가른다
피붙이가 파닥인다

서른여섯 소망, 유효하다

육 남매 앞세운 새말 댁
남편의 본가에 몸 풀었다
오릿길 다랑이 아득한 발자국
삼베 저고리에 땀 덩이 나락 논 익어갔다

볏단 이고 가는 고갯길 빨래터
이웃집 아낙네 삼삼오오 방망이질 소리다
송림 댁 팔자 한번 풀려 훤한 대낮에
조무래기 옷가지 비누 거품 뭉게뭉게
방망이질 한번 힘껏 두들겨 보았으면
원도 한도 없겠다

팔순하고 두 번째 생일을 맞는 송림 댁
하얀 옥양목 이불깃 바지랑대 키 높이 솟아
앞마당 솔바람 베개 삼는다

숟가락

양푼이 밥상이랍니다
다소곳하게 놓여 있기도 합니다
입술이 서로 닿기 전 부딪힐 수 있죠
주인이 바뀌는 날이에요, 울렁증도 있었지요
마른 장작개비 같은 여자는 건조한 음성이에요
낡은 구정물통은 나를 박박 문질러 닳게 해요
손목이 가늘어지면 감자껍질을 벗기죠
불에 탄 검정 냄비 속이 적당해요

내 방이 없어요, 모두 큰 방에 훌러덩 머리를 맞대고
잠들어요
보따리를 둘러서 방을 하나 더 만들고 싶어요
베개도, 밥그릇도, 낳고 싶어요
큰 나무가 될 거예요

흐린 날은 얌전하게 기도하죠, 지겨워요,
밥그릇이 베개가 수시로 앙탈해요

분별력이 바닥나면, 내 몸 하나 달랑
양푼이 밥상에 앉아도 될까요,
고향이에요, 묵은 시간입니다

그리움이라고 하죠

오른쪽을 비스듬히
왼팔을 포개는
폭신한 솜이불은 말랑한 가슴
요람에서 두 다리를 쭉 펴고 잠이 들죠

냄새를 못 맡는 후각이 좋아요

기지개를 켜고 돌아누우면
뽀드득 뼈마디 홀쭉한 볼 더듬어봐요
후각은 느낌으로 오죠
마른 가슴이에요
심장에 생겨난 굽은 다리
아직은 따뜻한 숨결입니다

왼쪽으로 비스듬히
오른팔을 포개는
폭신한 솜이불은 당신의 아흔 살
말랑한 가슴 더듬어봐요

새벽녘 꿈결은 어머니의 무덤
그리움이라고 하죠

시간 달리기

폭설이 내리면 터널을 세요
손가락 여덟 마디 구부릴 때마다
터널은 제자리에요,
뱀 꼬리에요
카렌스 뒷자리는 달팽이의 침대
동그랗게 말아 터널 속에 갇혀요
경부고속도로는 노약자의 길목
무주와 지곡 사이는 붉게 피는 얼음꽃
질펀한 고향 내음이에요

폭설이 내리면
습관처럼 터널을 세지요
터널 속에 갇혀 사는 아흔 살이에요
땅속에 터널을 세지요

산상 오카리나

어머니, 어머니이-

산상에서 부르는

메아리

내 안에서 웅웅거렸다

그리움이란

병

상사화

팔순까지 참 멋지게 사셨지요
나이테도 잊은 채
평생 숙원사업 빨간 벽돌집 방 한 칸 올리는 일
흙과 파트너 도도하게 살았지요
가로등 불 숭덩숭덩 감꽃 떨어지는
도심의 백합 장독대에 옮겨 왔지요
황금 들판을 안고 사는 흔들의자
유리 창문에 저녁을 내리고
때늦은 줄장미
당신의 부재 수습하느라 담장 위에 수런거리네요

이태 전
서울 딸네 집 갔다던가, 요양원 갔다던가

아흔, 복사꽃 물들다

한 해가 더 할수록
가물거리는 기억
아흔 반평생 도둑맞을까
스물아홉, 무덤 속에나 있을 만이
이름 두 자 삐뚤빼뚤 쓴다
하얀 여백에 가족 명부 쓴다

기억의 사금파리 암송하는
열여섯 신행길 복사꽃 물든다

한밤중의 스토커

질경이 한 순갈
맘에 안 든다고 벌을 세운다
물 두 컵을 안 마신 죄다
질경이, 커피 스푼 하나인데
작은 고추 맵다
쥐가 난 왼 발가락
뜨거운 물 풍덩 빠트린다

무덤 속에 계시는 어머니
생생하게 살아났다
토끼 똥 한 시간 씨름하니
질경이 한 스푼 몰아낸다

토끼 똥 말했다
–매운맛은 오래 새겨야 한다

네 자식 낳아봐야 어미 고통 안다더니
물 두 컵 안 먹은 죄
질경이 한 순갈, 무덤에 계시는 어머니 소환했다

십 년
묵은 체중 내린다

신용불량자

오후 세 시면
전화기에 갇힌 노모
하늘길 뻥뻥 뚫리면
꽃놀이 가자던
옹골차게 걸었던 증표
세상 멀미에 갇혀 부도났다

사람이 그립다는
꼬리표
무덤 속 묻히는

분꽃

까–만 씨앗 한 톨
마당가에 살–풋
분홍빛 작은 꽃
소박하게 피었어라
난생처음 맡아보는
분 냄새
입술에 잘근
달착지근한 어머니 향기

내 유년의 뜰

동행

저만치
가을 아침이 하늘하늘
아사 치마에 코스모스
세발자전거 스무 살 엄마 매달고
신나게 페달을 밟는다

오래된 장롱으로 서 있는
빼곡한 아침

2부

엄마의 정원

엄마의 정원

앞 베란다에 금송화가 한창이네요
있잖아요, 볕 좋은 가을이에요
여든 살 귀에 소곤소곤
금송화 얘기를 나눌까 봐요

한평생 흙과 연애하셨던 당신
요즘은 창가에 앉아 있는 시간이
하루의 절반이랍니다

−얘야, 네가 심은 장미가 한창이란다
장미가 붉게 타오르는 오뉴월이면
여든 살 달뜬 장미 전화선 붉게 물들던,

볕 좋은 가을이에요
지금쯤, 당신의 뜰에는
금송화 얘기 도란도란
가을 하늘 물들고 있을걸요

속보

한파로
전화선 불이 난다

헌 옷으로 수도꼭지 둘둘 말아
발신인 이름 새기는

한 뼘 한 뼘
빨간 벽돌 양옥집 올렸던
일흔아홉, 찰나

혹한 헤치고 도착한 쌀가마니
이름 석 자

어

머

니

사라진 파일

쌈박한 어머니 무덤
화면이 켜졌다 사라졌다, 사방이 안개예요
커서가 깜박이는 새벽
인증샷 남기려다 통째로 날아갔어요
졸음이 몰려와요
사라진 무덤 찾아야 해요
따끈한 밥솥에서 퍼 올린 신상이에요

관 속에 계신 어머니
생시인지 꿈속인지 헷갈려요
일 년 전, 현재 일이에요

청보리 누렇게 익어가요
안개꽃 웨딩숍, 로즈마리 들러리에요
커서가 깜박이는 새벽이에요
졸음이 몰려요
사라진 무덤 찾아 헤매는,

마지막 안부

어머니 빈집에
영구차 돌아왔네

옥장판 흰 고무신
들국화 빈 항아리 환한 눈길 머무네

아흔 살 어머니 웃고 계시네
액자 속 어머니 말갛게
웃고 계시네

친정길

새털처럼 가벼운 몸
한 뼘 아들네로 가신 어머니
나락 방아를 찧었다, 수돗물이 얼어 터진다
집단속 잘하라는 쩌렁한 음성
수도꼭지 헌 옷으로 둘둘 말아
대문을 나서는데
뒤꼭지만 보이는 냉랭한 바람
낯설기만 한
창틀에 팔걸이 하던 굽은 열 손가락
모퉁이 돌며 습관처럼 백미러 훔쳐본다

여든셋 쌀농사 동짓달 몸 푸는
팔순 어머니 카랑카랑 살아있다

기다림

설핏
토끼잠 들었다
턱뼈 오물거리는
귀도 눈도 어두운 봄날

—오늘 며칠이고?

어미 품 떠난 오래된 안부
묵은 달력 동그라미 그리는
열 길 물속 그리움 젖어 드는,

책상머리 앉아서

찰랑이는 바닷가를 본다
수평선에서 떠오르는 붉은 해를 본다
시골 개천이 익숙한데
시퍼런 바닷물 덮쳐온다

풀숲에 잠든 어머니
요새는 시절이 좋다고
눈을 감아도 다 보인다고 말한다
그도 그럴 것이
명절이 다 지난 후에야
산소 벌초했다
무남독녀 외딸도 아닌 것이
아들놈은 동양화 전시회 한다
딸년은 외국 여행 갔는지 소식 두절이고
다른 놈들도 거기서 거기
자식놈에게 사후관리 보험 들은 거
말짱 헛거라

누워서 바다를 본다는데
해수욕도 하는데
무덤에 누워있는 팔자 좋은 노모,
그리울 새도 없겠다

요즘은 시집 장가가는 일 필수가 아니라는데
아이 낳는 일도 멈춘다는데
내사 풀숲에 누워서 애태울 거 하나도 없지
애초에 자리 하나 잘 잡았지

책상머리 앉아서
바다도 끌어온다는데, 해수욕도 한다는데

심플하다

친정이나 시댁에 도움을 청하지 않는
직장에 휴직계를 내고 당차게 아이 둘을 키우는
파도를 헤쳐 가는 솜씨 능란하다
시집가는 일도 일 년 사귀어보고
스물여덟에 시원시원히 갔다

모녀간 나란히 살림살이를 장만하러 다닐 일 없다
신랑 각시 둘이서 할 일, 남의 집 혼사쯤 된다
오밀조밀한 혼수품 들이는 맛
애저녁 물 건너갔다

솜이불 한 채로 딸 셋을 시집보냈던 친정어머니

아릿한 마음
어루만질 기회는 접어두어도 무방하다
심플한 신세대니까,

태풍

태풍이 지나간 자리
누런 벼들 앓아누웠다

—어쩌노, 이 시기만 잘 넘기면 실농은 면할 건데

어머니의 한숨 소리 바람결 타고 온다
다섯 마시기 천수답 가족의 생계였다
어머니와 오라비 그 누이들이
일가족이 한 줄로 앓고 있는 벼
보듬어 일으키고 있다

초가을이면 찾아오는 난봉꾼
구월 들판에서 목격한다
살아생전 어머니가 봤다면 혀를 껄껄 찼을
언제 철들래? 사십 년 전이나 지금이나 똑같네
썩을 놈, 늙지도 않아

가족사진 2

어머니가 풀숲에서 웃겠다

어머니는 가족사진을 가훈처럼 여겼다
액방에 걸어두어야 빛이 나는 가훈
흙바닥에서 놀던 고무신 한 켤레
깨끗하게 차려입고 영정사진 남겼다

큰아이 고3 유니폼 벗는 날
중국집 짜장면 먹으러 가는 날이었다
한복, 신사복 구색으로 갖춰 입고
가족사진 찍으러 가는 날이었다

가는 날이 장날, 닫힌 문이었다

문틀 위에 가족사진 어머니가 빠진 인증샷이다
두 살 큰애랑 백일 된 작은애랑
하얀 남방 정장이다

한복 치마저고리 끝동에 백학
줄지어 앉았다

상인방 위 가훈 버젓이 웃고 있다

풀숲 어머니 환하게 웃으시겠다

언니의 깁스는 붕대가 아니에요

시월,
어두운 밤이에요
언니의 다리는 붕대를 감은 깁스예요
양지골 밭에서 콩을 꺾었어요
남자가 없는 가족은 온 식구가 장골이죠
열댓 살 가을마당, 깁스는 타작마당에서
미꾸라지가 될 여유가 없죠
언니의 하얀 붕대를 어둠이 갉아먹어요
양지골 여우가 섬찟하게 울어요
어둠이 산골짜기를 잠식하고 있다는 걸 눈치채요

언니의 깁스는 붕대가 아니에요, 여우 울음이에요

콩 다발이 머리 위에서 춤추고
한쪽 다리는 걸음아 걸음아, 살려라
양지골 고개 뛰어요
넘어지고, 자빠지고 날아서 가요

언니의 깁스가 못 일어나면 나도 죽음이에요 한 구덩이예요
얼굴도 없는 등을 믿고 따라붙어요
앞서가면 안 돼요 끔찍한
달이 없는 그믐밤이에요

살았어요, 골짜기를 울리며 어머니가 메아리로 왔어요
우리 자매를 목청껏 불렀죠, 숨을 크게 몰아쉬었죠
힘껏 몰아 쉬었어요

달도 없는 시월 그믐밤 어머니가 찾아와요
무덤 속 달이 뜨는 그믐이에요

좋아요, 클릭

보베르 호수는*는 내가 사는 강가
물비늘 푸른 메기 뭉게구름 나지막하다

어머니는 진양호 호숫길,
ㅇㅇ약국 약발 신임했다
가을 타작마당 통증 시작되면
보베르 푸른 호수길 더듬다, 진양호 호숫길 지나간다

보베르 호수길은 내가 사는 강가
진통제가 떨어질 쯤이면
어머니 약발 일등 공신 찾는다
보베르 호숫길 더듬다, 진양호 호숫길 지나간다

* 보베르 호수 : 영상에서 본 캐나다 재스퍼 국립공원 내 호수.

3부

별똥별

말띠고개*

이슥한 고갯길은 모퉁이의 꼬리예요
작년 호수공원에서 봤다는, 엉덩이에 늘어트린 긴 머리예요
냉큼 핸들을 꺾기라도 할까요
달이 없는 밤일수록
휘영청 보름달, 심줄을 끌어당겼습니다
—귀신은 없다고 했잖아?
포켓몬스터 타고 온 어제 그 꼬마 아이가 소곤거려요
허연 기슭, 늙은 소나무는 알고 있을 테죠
어머니는 스물아홉 뼛가루를 뿌렸어요
쟁여둔 어제는 밤잠을 잃어 백발이 되었죠

누이의 학비도 설빔도 모이로 날라주었죠
무덤이 없는 무덤은 가공의 세계죠, 피를 먹는,
살을 먹는,
어머니는 또다시 지독한 사랑니를 앓아요
명절 연례 행사에요

시월 보름달이 뒤통수에서 고개를 넘어요.

무덤 없는 무덤을 스쳐 지나가면 오라버니의 기일이랍니다

—귀신은 없다잖아요

포켓몬스터 타고 온 어제의 꼬마 아이가 속삭여요

* 말띠 고개 : 신주 시내에서 화장장이 있는 안락공원으로 넘어가는 고개.

해골산

인체 모형으로 누워있는 피붙이의 가슴,
그믐달은 허옇게 산모퉁이 꼬리를 잘라 먹고 있다
매캐한 연기는 낮부터 취했을까, 초록 숲이 허옇게 뒹굴고 있다
잘 아는 사람이라면 슬픔에 겨워 있다고 하겠지,
아니지, 근무 태만인 거야 저 서러운 피붙이들을 누가 전송해 줄까

아버지 불났어요, 불이 났어요,
천연덕스럽게,
천연덕스럽게 달려오는 메아리는 앵무새가 부는 호루라기
아이고, 아이고, 상주의 곡소리가 더해지는
잿더미에는 금니가 반짝일까
초겨울을 덧칠한 상판대기가 해쭉한다
앵무새는 예의를 다하여 호루라기 불죠
생경한 타인의 종교의식이에요, 해골산이라 부르죠

별똥별

저녁 마당이에요
전깃불이 없는 두루 판 모깃불 피워요
연기를 따라 별똥별 삶은 감자 불러내죠
사카린은 보드라운 속살을 달콤하게 해요

샘물로 등목을 치는 오라버니의
구멍 난 러닝셔츠
스물아홉 별똥별이 되었죠
한여름 밤 별똥별을 품은 어머니
붉은 연기 흐르는 눈물이에요

당신의 아흔 살 눈물 마르자
별똥별 꼬리를 그으며 사라져갔죠

거짓말처럼

열아홉 살
오라버니가 왔다
동짓달 방구들 열꽃 피고
누이의 얼은 두 볼
오라비의 등에 군불 지피는

헐렁한 검정 웟도리
깡마른 겨울 오고
명치끝 오그라들어
아침이 오는

아홉 이후
아무도 그리워하지 않았다
거짓말처럼

가을

뼛속에 바람이 든다
여름 내내
닫힐 줄 모르던 창
쿵
문이 닫힌다

선인장

1.

암팡진 가시를 왜 좋아했을까

구절초 아련한 하얀색은 어떻고
흐드러진 싸리꽃 홍자빛은
얼마나 마음 홀리는데

들어보래
들판은 꽃 천지인데
좁은 마당에 드센 선인장이 턱 버티고
자리를 지키고 있는 거라
누구 백으로 우리 집 뜰에 왔는지
그게 크게 중요하지 않았어

보기는 드세 보였지만
생판 꾸미려고도 않고
잘난 체도 않는 거라

정들어서
우리 가족도 한 식구로 여기고 살았지

2.
산간지방인 고향은 십일월 중순부터
눈이 내리는 거라
가을 타작마당 끝나면
식구들 총동원하여 큰 시루를 공주님 모시듯
둘러싸고 방 안으로 옮기는 거라
별 까탈도 안 부리고 사니까 키도 엄청나게 컸어
겨울이면
마을 사람들이 우리 집 사랑방에 놀러 왔거든
순전히 떡시루 가득 채운 선인장 보러왔지
근데, 큰 나무 뿌리내리던 선인장
마지막 기억이 없네
단지, 꽃을 못 피웠는데
우리 가족은 선인장을 백년초라 불렀지

백 년 만에 피는 꽃이라 귀하게 여겼어
신줏단지 모시듯

3.
들어보래
지금 우리 집 앞 베란다에 선인장꽃이 한창이야.
어느 해부터 피고 지고 함박웃음 짓고 있어
노란 꽃송이 볼 적마다
불혹의 나이만큼 지나간 고향의 그 애 생각나
왠지 코끝이 찡해지고 미안해져
백 년에 한 번 피는 꽃인 줄 알았지
그 애도 그렇게 믿었을걸
따뜻한 환경에 뿌리내렸으면
해마다 노랑 함박꽃으로 피고 질 텐데
백 년에 한 번 꽃을 피운다는
백년초의 삶

4.

이제 생각이 났어,

그 애가 흔적도 없이 사라진 것에 대한
산간지방에는 폭설이 내리잖아
그해, 십일월 초입이었지
큰오라버니가 하숙방에서 택시에 실려 왔잖아
엄마는 혼비백산하여 본 정신 아니었어
오라버니는 시골 병원에 입원했지
시골 병원에서 부산 큰 병원으로,
마지막 진주 도립병원에서 생을 마감했어
새벽녘이었어,
끝없는 숲을 지나 강물을 따라 걸어간다고 했어
하늘길 들어가는 중이었나 봐, 꿈인지 환영幻影인지
지상에서 마지막 이별을 하고 있었어
급성 백혈병이었어

5.

생각해 보래,
오라버니 병이 발병한 시기가 눈발 날리던 11월이었어
십이월 초입, 세상 떠난 지 딱 한 달 만이었어
오라버니와 함께 그 애도 떠난 거야

자식을 잃은 어머니의 눈물
폭풍우로 어마어마하게 다가왔어
그 애도 함께 떠내려갔나 봐

6.

잊고 있었어, 그 애를 기억해 내는데
사십 년이 걸렸네,
오라버니의 죽음 덤덤하게 잊힌 후에야
그 애가 떠오른 거야
천국에서 엄마는 오라버니를 만났을 거야
그 애가 쌩긋 웃었어, 눈부셨어

암팡진 가시는 잘 지내고 있어
담장 위 연노랑꽃으로 활짝 웃고 있지
해마다 피는 백년초 생生
다시,

부추꽃

뒷마당에 하얗게 피는 별꽃,
정구지
시골 부엌, 정지에 어울리는 이름이에요
백합도 카라도 모를 때
처음 다가온 얼굴이죠

여섯 살쯤인가요
어머니 대신 큰언니가
쌀 한 주먹으로 정구지죽 끓여 주었죠

난생처음 맛보았던, 정구지죽
순한 오라버니 드센 누이는 왜 정지에서 싸움이 붙었을까
작은 솥단지 들썩이며 팽그르르 돌던
정구지쌀죽 마음만 졸였죠

스무 살이 어울리는 도시에서
백합과 카라를 보았죠

정구지를 자연스럽게 부추라고 불렀어요
정지는 세련되게 부엌으로 말했죠

신기하게 정구지는 풀이 아니라 꽃이었죠
하얀 부추꽃 부케를 만들어요
도시 여자예요

오후 4시의 실루엣

해가 곧 떨어질까 걱정이에요
번번이 실패했거든요

강물 속에 잠긴 마을은 고요해요
오후의 시계
지상의 도시를 강물 속에 앉혔거든요
윈도 마네킹도 차양을 내리죠
말라깽이 아가씨 졸음을 청하네요
붉은 우체통
엽서를 부치다 낮잠에 빠져요
오후의 거리는 수면 시간이에요

청둥오리 부리로 쪼며 자맥질해요
순찰 시간이에요

'어둠이 곧 떨어집니다'
왜가리의 속달 편지예요
갑자기 물이랑들이 수면을 건너가고 있어요

아홉수

아홉수는 지독한 홍역이었다
음습하고 차가웠던
열아홉 내 영혼의 밑바닥 송두리째 흔들었던
뼛가루, 나무숲에 뿌려졌다

쉰아홉
덩치 좋은 남자는 혀뿌리에서 설舌꽃 피었다
아홉수였다
될 일도 안 된다는 거꾸로 가는 아홉수
폼나게 가죽옷 두르고 낄낄거린다

아홉수를 끔찍이 싫어했던 어머니
여든아홉 아홉수 따돌리고
구순 본향으로 떠나셨다

그곳에 가고 싶다

오래도록
흰 눈으로 덮여 있던 골짜기
우거진 숲은 금지 구역 겨울 한 철
성수기였다
또래의 아이들이 사랑방에서
새끼를 꼬면 겨울 방학이다
동지섣달 밥 한 끼는
소나무 마른 가지 자르는 일
썩은 밑동 망태에 담아오는 일이었다
보리 흉년에 흰쌀밥 구경
따로 없었다
붉은 참갈비 덮쳐오면 횡재,
가슴은 발갛게 달아올랐다
남의 물건을 훔치기라도 했을까,
동무가 엿보기라도 할까 봐 숨도 쉬지 않았던
옆도 돌아보지 않고 후다닥 갈쿠리질 했던
하얀 눈 속에 찍힌 작은 발자국

경계의 선상
세상에 내던져지는 첫 발자국이었다

골짜기의 겨울 방학, 사회 시간이었다

갱년기

등을 둥글게 말아
동굴 속에서 하루를 보낸다

생콩을 갈아 김치찌개 끓인다
바깥세상과 유일하게 소통하는 길이다
사흘에 죽 한 그릇 먹어내기도 벅찬 남자
배가 도드라졌다, 새로운 화법이다

굳게 닫힌 빗장문
비 오는 봄날 대나무 죽순 오르는

유효기간 배시시 웃는다

4부

구석 놀이

소꿉놀이

동그란 자석이에요

압봉에서 떼어낸 검정 알이랍니다
한 알을 붙이면 애벌레 마디가 생겨요
애벌레가 소파를 타고 기어올라요

아이가 집게 손을 내밀어요
−귀여운 애벌레는 나밖에 몰라, 내가 키울 수 있어
앵무새처럼 말해요
검정 알, 세모 집을 지으며 놀아요
−덥지?
−수영시켜줄게,
수영하며 놀아요, 애벌레 이름 수영이랍니다
내가 이름을 붙어주었죠

애벌레가 종이비행기를 타고 아이의 주머니에서 미끄러졌어요

애벌레 까만 알
마디 하나, 어디로 떨어졌을까요?
애벌레로 돌아갈 수 없어요
그냥, 검정 압봉이랍니다

베개

나는 파랑이에요,

아이의 볼이 부드럽게 내 배에서 뒹굴어요

까만 머리카락 무릎에 걸터앉아요

아하, 아기가 아니래요, 어린아이라고 불러달래요

이제는 변기통이 필요 없다고요

꼬마는 빨간 모자가 달린 그린색 윗도리를 던져 버려요

콧물이 내려와요

밤이는 밤색 털 강아지랍니다

콧물이 나와도 모르는 척, 착해요

콧구멍을 들여다보지 않아 좋아해요

냄새 맡는 시늉을 하지 않아 예쁘죠

티비 앞에서 헬로카봇을 보면

내 무릎을 걷어차요, 너털웃음이 최고랍니다

빵이가 생각나요

하얗고 아름다운 털을 가졌죠

우아한 몸짓은 모두가 반할 거예요
내 팔을 깨물어도 두 팔을 감싸고 잠이 들죠
털이 날려 귀찮아질 무렵이에요
주인에게 앙칼지게 덤벼들었던 이후엔
아름다운 털을 만질 수 없었다죠

나는 파랑이랍니다
폭신한 겉옷만 입고 다녀요

방구석 체류기

손을 들고 벌을 서요, 개구쟁이여요

니나의 귀를 물었대요, 밥상 위에서 숟가락 다툼을 했죠
꼬맹이 누나를 니나로 불러요, 아이의 독특한 음색이죠
스마트폰 화면에 판관을 불러왔어요
엄격한 엄마 판관이 니나의 귀를 물면 괴물이라고,
벌을 내렸어요, 아이는 억울해요
왼손을 들고 오른손, 바지를 힘주어 엉덩이를 보였죠
사라진 자국은 말해요
어린이집에서 흉터를 남긴 친구는 괴물이라고요
머리가 기억해요

니나가 한쪽 귀로 울어요, 맴맴, 맴맴, 한여름 매미울음이에요
울음은 잠시에요, 품격있게 티비를 시청해요

아이가 슬며시 다가가요, 좋아하는 것은 좋아하는 거죠
아끼는 토끼 인형이에요 니나가 좋아하는 걸 알고 있죠
협상이에요, 니나가 나가라고 소리쳐요
토끼 인형에게 아이의 손가락이 물렸어요, 울음소리는 성난 폭포수에요
방문이 삐주름히 열려 있어요, 삐주름은 솜사탕이에요
아이가 살짝 살짝 조금씩, 발을 들여요
솜사탕은 달콤해요, 속삭이게 만들죠,
ㅡ니나 미안해, 귀 물은 거, 확실하게 눈도장을 찍어요
니나는 모른 척해요,
슬며시 앉아요, 침대 바닥이에요 방구석이에요,
나란히는 못 앉아요, 뽀시락 뽀시락 다가가요,

티비가 방구석에서 놀아요,
에그 박사가 큰 입으로 멋지게 애벌레를 먹어요
웃음이 똘똘 뭉쳐요, 방구석 놀이해요

구석 놀이

구석이에요, 쪼그리고 앉아 있죠
변기통 앞 금지는 공지글이에요
꼬마 주인님의 확고한 금지선이죠
할미님의 노파심은 주인님의 토끼 똥이에요
다행이에요
구석의 지정석은 부엌 싱크대에요, 화장실 대리이에요
거실 중앙의 시선은 모두가 구석에요
통통한 엉덩이에요, 황금 덩어리 한 알
날것으로 떨어져요, 토끼 똥이라 불러요
-할미 똥 쌌어요, 냄새가 지독하죠? 지독하죠?
주인님은 예를 다 해요 묻고, 또 묻죠
한 손으로 코를 잡고 작은 얼굴은 찡그려요
토끼 똥은 예쁘고 냄새도 없어요, 참말에요
통통한 엉덩이 찰싹, 은방울 굴러가는 소리에요

보물단지예요, 구석구석 씻겨져요
구석 놀이하죠

세 살 윤슬이

털이 부드러운 인형
내리뜬 눈 손녀 닮았다
부엉이는 부귀영화라는데
나를 들었다 놨다
아이는 나를 들었다 놨다
동그란 눈 당최 맞추지 않는다
앰한나이 네 살
새침하다 도도하다
작은 몸
으스러지게 안아볼까
옆구리라도 간질여 볼까
말랑말랑 까르르

맞벌이

까탈 많은 둘째 녀석
시간 맞춰 옆구리에 끼고 아파트 정문 뛰어야 해요
어린이집 등원버스 점찍는 일은
한여름의 소낙비

학부모가 되는 날이에요,
조막손 손가락을 꽉 잡았지요
가슴은 고무풍선, 턱까지 차오르는 숨 참아야 해요
생긋거리는 여덟 살 딸아이
걸음걸음 당당해요, 한눈팔지 않아요
자전거 페달 달리는 밥벌이,
시간을 벌어서 숨통 터 주어요
망설임 없이 성녀 칭호 붙여주네요

이른 봄
해뜨기 전 매화꽃 속으로 숨어버리는 그녀

앵무새 한 마리 조잘거려요
술래는 멋져요, 술래는 멋져요

술래는 지정석이에요

사과 한 알이에요

돌 위에 붉은 사과 한 알 있어요
기억하기론, 엊그제부터였던 것 같아요
돌 위에 오뚝하니 앉아 있었죠
잠시, 누군가 맡겨두고 간 줄 알았어요
앞서가는 발걸음이, 새들의 모이라고 했습니다
사과 한 알, 몸을 둥글게 말아 처마를 만들었죠
작은 빗방울 정도는 충분히 피할 수 있을 거예요

아니, 딱새나 동고비가 부리로 살짝 입맛 다실 때마다
사과는 작은 동굴 하나씩 만들어 가지요

산책길 모퉁이 줄지어 선,
키 작은 남천 알죠? 쌉쌀한 붉은 열매예요
쓴맛은 꽝이랍니다, 모이에서 지우고 싶은 열매지요
남천나무 지나 호랑가시나무 밑 돌쟁반
가시 돋지 않은 깃털을 입은 작은 새들, 미리 다녀갔
대요

사과 한 알,
씨앗 하나 남기지 않고 빈 그늘로 앉아 있네요
그늘도 마르면 당도가 높아진다지요

봄이 오려나 봐요, 햇살이 눈을 찡긋하는 오후예요

귤이에요

친구라고 하죠

가벼운 여행을 떠나요, 말랑거리는 몸이에요
보드라운 맛이에요, 새콤달콤
허우대 멀건 둥근 몸 무턱대고 부러워하죠
가을은 과일 장수 트럭이랍니다
양털모자를 쓴 남자는 인기가 짱이죠
북극의 펭귄 걸음이에요

아파트 사람들은 박스 떼기를 좋아하죠
박스 한쪽을 슬며시 맛보게 해요
아기가 살짝 얼굴을 찡그리며 나를 파먹어요,
말랑한 즙이에요, 얼굴에 비비면 까르르 대신 웃어줘요
물구나무를 서고 방뎅이를 흔들어요, 목을 꺾죠
바나나 대신 나를 가진 노랑머리 원숭이랍니다

노래는 직업이에요 목울대를 노랗게 물들여야 해요
트럭 아저씨도 가재걸음으로 리허설을 함께 해요

나는 새콤달콤 동그란,

바다 너머 수평선이에요, 친구라고 하죠

J씨의 방구석 살이

구석에서 뭘 하세요, 그냥 처박혀 있다고요
시야에서 멀어지면 불량품이라고요? 설마요,
그냥 폭신한 베개에요 누워서 하품하는,
슬프게 단정하지는 마세요
문고리를 잡으면 멀미해요, 구석이 좋아요
성가시게 구는 불안증이 사라진다니까요
꿈이에요, 멀쩡하게 잘 차려입던
볕 좋은 날은 가족사진을 찍는 날이죠

어머니의 늙어가는 가을날이에요
마늘 심기 딱 좋은 햇볕, 십일월이죠
살살대다 기웃거리다 사라지는 밭고랑이에요
해거름 판 햇볕이 달달한 거 아시죠
금테 대형 안경은 안식년이에요
뭘 걱정이냐고요 스마트폰이 대행업체라고요
그니까요 가족사진은 이상 없다고요

문득 찾아오는 요상한 우물을 봐요

텁없이 행복해도 텁없이 스멀거리는 언짢음 아세요

예민함이 과하다고요?

헤헤거리며 회색빛이 자꾸 서성이는데도요?

방구석 살이에요, 미묘한 물체는 무시해도 돼요

베개에 엎드려 우주를 바라볼 수 있죠

멀미가 멈추면 문고리를 잡으려고요, 가족사진은 꿈이에요

하, 햇볕이 빠졌네요

찌르라미 우는 밤

이슥함 밤
찌르르 찌르르 창문 밖
아프게 울어댄다
문이라도 닫을까, 귀라도 막을까
혹시
무슨 걱정거리라도 있는 걸까
무심코 내가 던진 한마디에 상처 되었을까

기도는 나를 정제하기 위한 울음
찌르라미 찌르르 찌르르
아프게 울고 있다

자정 넘긴 시각에 잠들지 못하고
찌르라미 창밖에서 애타게 운다

찌르르 찌르르 나도 함께 운다

경주競走

작은 밥숟가락이
실눈을 뜨며 투정을 부려요
하루의 밥벌이를 저울질해야 하는 남자
졸음은 사치라고 말하죠
꼬맹이 무게 저울추에 올려
백 미터 먼 달리기를 해야죠
최종 목표는 여덟 시 삼십 분,
아파트 정문이죠
옆구리에 대롱거리는 어린이집 가방
가쁜 숨 몰아쉬죠

노랑 통원버스 호루라기 불어요
꽃무리 통원버스 바통터치
게임 끝, 졸음은 사치라고 말하죠

인조 운동장

연초록이에요
꼬맹이가 달려요
머리를 뒤로 젖혀 잽싸게 달려요
단숨에 둥근 원을 그려요

심장을 잡고 달리기 해요
헐떡이는 가슴이 말해요
멈춰야 해요, 멈춰야 해요
작고 가벼운 심장 따라잡을 순 없어
말라깽이 사슴 다리 따라잡을 수 없어
겅중겅중 사슴 다리 꼬맹이예요
말랑말랑 가벼운 심장 달리기 해요

말라깽이 사슴 발맞춰요
둥글게 둥글게 원을 그려요
어른들은 인조 잔디에 뼈를 묻고 싶대요
동네 자랑거리예요, 인조 운동장이에요
어른이 아이가 되는,

승천

메타세쿼이아 앙상한 몸
하늘길 맞닿았다
갈잎 떨구어
누군가의 구세주 되었을까

한 끼 버거운 달동네
노부부 저녁 밥상 되었을까

IMF에 전락한
지하철 노숙자 담요 되었을까

흉흉한 풍문 보시하는 알몸

덩
그
렁
다

기도해요

늘 시간이 남아도는 화장실이에요
변기에 앉으면 말이 많아져요
미안하다, 미안하다 쏟아내요
밤늦게 먹었던 걱정들 때문이에요
오르막길을 오르는 아랫배
미안하다 해요
장시간 굳은 알통
부은 다리 미안하다 해요
미리 약속되지 않는 약속까지
미안하다 해요
잰걸음 뛰면 아려오는 무릎
쓸어주며 미안하다고 해요
시나브로 아픈 머리통
꾹꾹 눌러주며 미안하다 해요
미안한 것이 많을수록
순한 사람이 된다잖아요
잠들기 전

나에게 미안하다고 해요
순한 몸이 되거든요
착한 몸이 되거든요

기도해요
남아있던 시간 모두 변기 속으로 빨려 들어가잖아요

장독대의 눈

눈이 왔구나
몇십 년 만에 보는
옛사랑인가
마당 위에 하얀 발자국 비탈 산에서도 만났었지
겅중겅중한 노루 다리는 어떻고

장독대에 눈이 왔구나
앞산 청솔 가지에도 소복소복
어여쁜 네 얼굴 쓰다듬으며 보자꾸나
햇살이 오기 전 사랑한다, 고백하고 싶구나

하얀 동화 나라에서

5부

기억은 과거를 먹는다

깍두기

깍두기 맛은 새우젓이에요

어둠 속에서 깍두기를 담가요
낮에는 뭘 하는지 새우젓은 몰라요
어느 날 새벽이던가
일면식도 없는데, 독신녀에게 살려 달라고 했어요
아내가 부도를 내고 야밤에 도주했대요

밤이 없는 밤에 엄마의 딱지를 달았네요
남자는 천리안을 달았을까,
가족이 먹다 남은 잡탕을 쌈박하게 모아
독신녀 아파트에서 깍두기를 담가요
무를 잘게 썰고 붉게 붉게 잘 버무리면 되죠
쉬워요, 명심할 일은
새우젓을 모르면 살맛을 잃는다는 것이지요

얼굴도 없는 소식이랍니다
이맘때면 들려오는 풍문이에요, 깍두기죠

골짜기

금광을 캐기 위해 뚫어놓은 동굴이에요

밤새 꼰 새끼줄은 하루의 일당이랍니다
굴을 찾아다니는 발목의 통증은
젊은 여자의 초상화죠
무딘 낫을 들고 갈퀴를 챙겨요
눈밭을 걷는 털신은 사치품이에요, 시샘은 하지 않아요
짝이 바뀐 양말은 발목의 아킬레스건이잖아요
인증서가 필요한 오후죠, 청솔가지 매콤한 오후랍니다
새끼줄은 서어나무 허리를 묶어요, 사십 년을 댕강 거울 앞에 앉혀요
늙은 발목은 미래의 붉은 통증이에요, 무시로 둥근 골짜기에 앉죠
금광을 캐는 동굴이에요, 늙은 여자의 볼우물이랍니다

반짝이는 골짜기에요, 신기루에요

베란다와 발코니

도회지 여자처럼 세련되었어요
팔자 좋은 여자들이에요
빈정거리는 어투라고요?
욕하는 거 맞잖아요
아니면 말구요 근데 아파트에 살아보긴 했어요
아니, 빌라에 살았어요
그러면 됐네요, 빌라나 아파트나 거기가 거기
집값 따지자는 건 아니에요

여백이라는 말 들어봤어요
마루 너머 화초를 놓을 수 있는 공간요
의자를 끌어다 놓아요, 햇볕까지 끌어오면
비단 위에 장미꽃을 더하는 일

시집와 시어른 밑에서 이사를 해 봤어야 알죠
마당이 있는 집, 잔파 심고 고추만 심었죠
에이~ 그게 그거잖아요

베란다가 별거예요
자투리에 상추 심고 고추 심어 햇볕 들어오면
그게 베란다예요

그럼
발코니는요?

실상과 허상의 꼭짓점

거짓말을 잘해요,
술술 가을바람 단풍 익는 소리랍니다
반말을 쓸 때 딱딱 부딪치던 이빨이 매끄럽게 풀려요
은방울 굴러가는 소리예요, 엄마의 웃음소리예요
독신자 딱지를 한 방에 날려줄 수 있다고 믿죠
힘들이지 않고 소원을 들어주죠

존댓말이에요 소요가 일어나지 않죠
벽이었어요, 산이었어요, 아니, 그냥 존댓말이죠
바다로 가서 먼 수평선까지 헤엄치려고요
존댓말을 쓰면 완전해요
매끄러운 바닥은 모두가 신뢰하죠, 본마음은 반말이에요
진지한 건 늙었다고 하죠, 유행어에 밀리면 꼰대랍니다
속이 잘 풀리는 미역국은 매끄러운 언어랍니다
반말을 쑤셔 넣으면 존댓말이 나와요, 버티기가 쉽죠

존댓말을 해요, 티비에 나오는 동물 왕국이에요, 술술 익어가요

동백꽃

이월에는 동백이 피죠, 9층 요양 병원이에요
추위를 먹은 방문객의 얼굴도 동백이에요
허공에 걸터앉은 동공은 시린 겨울이랍니다
털모자 안에 구겨진 숲을 민둥산이라고 불러요
낯선 풍경은 초점이 달아나요, 비틀거리는 다람쥐
쳇바퀴예요
무더위를 지탱하는 그녀의 침상이랍니다
아득한 수평선이에요

ㅡ잘못한 일도 없는데?

물음표는 반란이에요 유기농 머루포도알이랍니다
유리그릇 구정물은 항의하죠, 부당한 우주 오염에
항의하죠
동백꽃
툭,

파르르 마침표를 찍어요, 붉은 모가지예요

다시, 이월이에요

현관의 정의

꼴불견을 아세요?
참, 여러 가지 모습이에요
삐뚤빼뚤한 신발들은 희극배우랍니다
양가죽부츠는 털털한 아가씨, 질겅질겅 껌을 씹어요
뾰족한 유리구두는 먼지를 털어요, 뭉개진 뒤꿈치랍니다
티라노사우르스는 아끼는 공룡이에요, 현관이에요
맨발의 주인이에요, 뒤죽박죽 뒹굴어요
방안에서도 뒹굴어요

주일에는 텅 빈 현관만 남아 거룩하게 토론하죠,
짝이 없는 맨발이 지키는 현관이지요
–가정에 평화를 빕니다
현관 위 십자가는 아버지의 아버지 때부터 매달려 있는 사랑이에요
부족함이 오히려 자랑이죠, 현관은 주인의 얼굴이랍니다

A4용지

하얀,

매끈한 당신은 참 멋지죠

타임머신 타고 오죠

사각거리는 잉크 촉이에요

가을 들판을 풍경화로 담았었죠

여백으로 차려입은 당신이 좋아

하루의 일상을 베껴 썼지요

보기만 해도 배가 부른 쌀밥 이야기에요

창백한 사월은 하얀 벚꽃 향기가 어울렸죠

앵무새가 지저귀죠, 유효기간 끝난

변방의 기억이에요

기억은 과거를 먹는다

삼대가 풀숲에 앉아 있다

네 살 때 작별한 아버지
한평생 무덤에 터를 닦고 계신다
나는 아버지의 무덤과 작별했던 세월만큼
고만고만한 아들딸, 조카들 끼고 사진을 찍는다
덤불 속 벌초, 환한 검정 스웨터
어머니는 외손자 부둥켜안고 있다
또래의 조카들 한 뼘 쪼그리고 있다
기억은 오도카니 곁가지로 붙어
네댓 살, 어린 조카들 훅 들어온다
한쪽 무릎을 내어 주지 못한 반쪽 무릎
사진 속 젊은 내가 보인다

멀쩡한 무릎 통증 앓고 있다

엽서

발신인도 수신인도 없는
새벽안개
첫 데이트는 어디였을까
생각을 앉혀보면 실험실 그래프용지다
성에 여기저기 피어나
복사꽃 볼우물 만들었다

찻값은 얼마였을까
스무 살의 월세 집 연탄 한 장 얼마였을까,
파란 철대문 줄장미 흐드러지게 피던
오월의 향기는 연분홍이었을까 백장미였을까
기억은 무시로 나타나는 아득한 겨울
털장갑 위에 첫 키스 체크무늬 사랑

과거의 의자

유월은 무채색
오래된 벤치예요
숨 고르기를 하는 등짐이죠

잔디밭 편백 나뭇가지는 가족을 챙기는 틈새 바람
작은 새의 재재거림이에요
깁스한 사슴 다리, 링거병을 달고 있는 둥근 어깨
초록 환자복이죠
작은 토끼 눈 보호자 이름표 목줄로 달았어요
번호표 받았네요, 작은 새의 재재거림이에요
어울림은 가족의 무게죠

등짐의 무게는 과거의 의자에요
오래된 벤치에요, 내가 버린 유월 무채색이죠

벽, 하나

두 팔 벌리고 팽팽히
가슴으로 영역을 그어버린
가까이 갈 수 없는
섬, 하나

다가서고 싶다
껴안아 주고 싶다

마주할 수 없는, 경계를 넘어

한 장 사진, 샌들을 신는다

팔월 더위 발가락이 훤하다
굽이 땅에 붙은 검은 끈 달랑
붉은 발등 수줍음이다

뒤에서 킥킥댄다, 또래의 남자애들
굽이 없는, 땅에 붙은 걸음걸이 흉내 내고 있다
일순, 당혹한 표정을 읽었을까, 낯선 발자국들 달아났다
얼룩 보이지 않았다

오래전 고향집 앞마당에 자매가 나란히 서 있다
겨자색 투피스와 깍지를 낀
학생 티를 벗지 못한 단발머리
순순한 시골스러움이 스무 살이라고 쓰여 있다

굽 없는 샌들
빨강 파랑 꽈배기로 엮어 하양 양말 신었다
발가락, 발등 훤한
아, 너 거기 있었구나

촌부村夫

형형색색 꽃 덤불 싸리나무 바지게
빨강 노랑 파랑 초록 사계절을 지고 간다
너울너울 지고 간다, 흔들흔들 지고 간다

봄이라 부르자 사랑이라 부르자

싸리나무 바지게
안개꽃 꽃무덤 풍덩

소개팅

거실에도 서재에도
작약을 두었다 작약은 수줍음이다
활짝 핀 꽃잎 보름달처럼 꽉 찬 모습
끌렸다

내가 좋아 택한 작약꽃
이탈리아 카페에서 튤립을 보는 순간
작약보다 튤립의 흐트러지지 않는
결 곧고 정돈된 모습에 끌려
첫 마음 버렸다

작약도
튤립도
예쁜 꽃일 텐데
모두를 버렸다

소개팅 자리에서
한두 번 만나서 어떻게 난해한 사람의 속을 다 볼까
지나고 보면 맨 처음 인연이 나았을까?

놓친 열차는 모두 아름답다더라*
크고 작은 상처 모두 환한 꽃으로 피는

* 서정범 교수의 '놓친 열차는 아름답다'에서 따옴.

그미

갈 바람이 데려왔을까

붉은 채송화 한 포기
베란다 화분에 홀연히 나타났다
가녀린 줄기 고개 숙인
스파이더 플랜트 그늘 속이다
한쪽 가지 살그머니 세상 밖 내밀었다
한 뼘 그늘 텃세에도
수시로 물을 주어 익힌 얼굴이다
있는 듯 없는 듯 나지막한 고요

갈 바람에 활짝 핀 붉은
채송화

본향本鄕의 정체성에 대한 애틋한 탐색

−어머니, 큰오빠, 동심 그리고 구어체 어조

박종현(시인)

시로 꽃 피운 옹이

허정란 시인의 시 세계를 지배하고 있는 정서는 '본향에 대한 그리움'이다. 시인으로 등단하기 전 펴낸 수필집 『어머니의 연서』에서도 '어머니'란 본향에 대한 그리움이 정서적 주류를 이루고 있었다. 첫 시집인 『봄이 왔다 갔나 보다』에서는 어머니와 큰오빠, 동심과 같은 본향에 대한 그리움을 노래하되, 어머니에게만 머물던 그리움을 큰오빠와 동심으로 확장했다는 점이 주목할 만하다. 그럼에도 본향에 대한 그리움의 고갱이는 어머니다. 어머니와 큰오빠에 대한 그리움의 밀도를 끌어올리는 촉매로 선택한 것이 부드럽게 말하듯이 표현한 구어체口語體 어조와 유아적 어조다. 이러한 어조가 허정란 시인의 시적 표현의 이채로움을 이루는 요소가 되었고, 독자로 하여금 시를 읽는 즐거움을 누리게 하는 요인이 되었다.

구어체 어조와 유아적 어조는 친근감과 더불어 신뢰감, 나아가 절실함을 획득하는데 결정적인 역할을 한다. 허정란 시인의 시 세계에서 '본향에 대한 그리움'의 정서를 표출한 기본적 배경은 '과거'다. 시인의 과거는 지우려고 안간힘을 써도 지워지지 않는 유산으로 남아 시인의 가슴속에서 삭힌 채 '기억'을 통해 소환해 놓고 있다. 그 과거의 기억은 시인의 마음 깊은 곳에 아픔으로 남아 있는 옹이다.

어쩌면 그 옹이가 허정란이란 존재를 시인으로 탄생시켰는지도 모른다. 소나무의 상처인 옹이를 시간에 삭히면 관솔이 된다. 잘 삭힌 관솔이라 할지라도 그 쓰임에 따라 약이 될 수도 있고 독이 될 수도 있다. 목재로 쓰일 경우 옹이는 가구를 불량품으로 만드는 독이 될 수 있는 반면에, 관솔만 도려내어 불을 지핀다면 그 관솔불은 어둠을 몰아내어 세상을 밝히는 빛이 되거나 추위를 이기는 온기가 될 수 있다. 허정란 시인은 자신의 가슴속에 박힌 채 오랜 세월 지워지지 않는 옹이를 안고 살아왔다. 그것도 목재로서의 옹이였다. 하지만 그 옹이를 삭히고 삭힌 끝에 마침내는 자신의 문학 세계를 환하게 밝히고 아픔으로 얼어붙은 마음을 따뜻하게 녹이는 관솔불로 바꿀 줄 아는 지혜로움을 발휘한 시인이다. 정확하게 말하면 지극함의 발로라고 하는 것이 더 잘 어울리는 표현이다. 애틋함과 절절함을 직조한 그 지극함이 아픔의 바닥에 닿아 관솔불을 지폈을지도 모른다.

허 시인은 그 관솔불로써 개인과 가족의 슬픈 역사를 연소시켜 시적인 에너지로 환생시켜 놓았다. 춥고 어둡던 과거를 따뜻하고 환한 오늘로 되살려 놓은 것이다. 어머니와 큰오빠의 부재라는 옹이를 지우거나 도려낸 것이 아니라 마음속에 담아 오래오래 삭힘으로써 마침내 밝고 따뜻한 관솔불로 곁에 머물게 할 수 있었던 것이다. 목재로서의 옹이를 관솔불로 전이시킨 지혜로움과 지극함을 통해 스스로의 옹이를 내면화하고 그것을 시로 형상화 시킴으로써 아름다운 시집 『봄이 왔다 갔나 보다』가 탄생 될 수 있었다.

허정란 시인이 자신에게 박힌 옹이에만 집착해 스스

로 절망하거나 현실 도피적인 삶을 살아왔다면 지금과 같은 문학적 성취는 언감생심이었을 것이다. 시인의 과거 속에 똬리 튼 어머니와 큰오빠란 옹이를 자신의 아픔을 극복하는 지렛대로 삼았기 때문에 지금의 문학적 성취를 꽃 피울 수 있었다고 생각한다.

정체성 탐색 1: 시인의 본향과 어머니의 본향

당신의 빈집입니다, 고요예요
지독한 울음도 되레 고요잖아요

빨간 벽돌 양옥집 생각나세요
빗방울 후드득, 마을 사람들 몰려오던
흙탕물 진창이던 여름날이었죠
계단에서 맨발로 내려오던 엄마는
손사래 칠 여유도 없었지요,
빗물 범벅이 된 아버지를 방에다 부렸어요
빗물이 핏물이 되는 것도 그때 알았지요
그날 이후 벽돌집 장미 넝쿨 유난히도 붉었던,

한창 몸에 붉은 피가 돌던 서른여섯 어머니는
마흔 해를 훌쩍 넘긴 일흔아홉까지

붉은 새벽을 몰고 다녔지요
아침을 깨우는 어머니의 키질은 목이 쉰 수탉 울음이
랍니다

대문이 입에다 자물쇠를 깨문 뒤부터
집을 고요라고 불렀답니다
입술 다문 수도꼭지, 뚜껑 열린 적 없는 장독들
다만 마당의 자목련은 주인의 기품을 닮아
송이째 툭 몸을 내던지기 일쑤였죠

고요를 다스린 건
떨어진 목련 꽃잎들이었나 봐요
벌써 당신의 뜨락엔 봄이 왔다 갔나 봐요

—시 「봄이 왔다 갔나 봐요」 전문

서른 중반의 어머니에게 청천벽력 같은 일이 일어났다. 빗물이 핏물로 바뀐 여름날, 불혹의 아버지는 벽돌집 가시 숭숭 박힌 장미 넝쿨만 남기고 세상을 떠나셨다. 아픔을 잊고 가족의 생계를 꾸려나가기 위해 6남매를 이끌고 벽돌집을 떠나야만 했던 어머니의 가슴에도 가시 돋친 붉은 장미가 멍으로 피어올랐을 것이다.

어머니의 곱고 이쁜 목소리는 '목이 쉰 수탉 울음'이 되어 가족의 생계를 이끌어야만 했다. '대문이 입에다 자물쇠를 깨문 뒤부터/집을 고요라고 불렀답니다', 빨간 벽돌집 얘기를 입에 담는 사람은 아무도 없었고 '입에다 자물쇠'를 깨문 대문처럼 늘 집과 가족 모두 슬픔이란 고요 속에서 살아야 했다. 고요는 슬픔을 가라앉게는 해도 사라지게 하지는 못했다. 그 고요가 봄마다 몰고 오는 것은 '송이째 툭 몸을 내던지'는 자목련이다. 아픔은 사라지지 않고 봄만 되면 고요가 살고 있는 빈 집으로 찾아와 시인을 더욱 아프게 했다. 슬픔은 크고 드센 울음 속에 똬리를 틀고 사는 것이 아니라 늘 낮고 부드러운 목소리 속에 머물렀다. 슬픔의 다른 이름인 '고요'를 다스리는 것은 뜨락에 떨어진 자목련이었다. '벌써 당신의 뜨락엔 봄이 왔다 갔나 봐요', 삶의 멍을 머금은 채 떨어져 있는 자목련을 보고 피지 못하는 어머니의 봄을 떠올리는 시인의 아픔이 얼마나 깊었는지를 가늠해 볼 수 있다. 그 옹이가 벽돌집 담벼락에 깊이 박혀 있음을 읽을 수 있다.

타작마당에는
타임머신을 타고 온 여자들이 모여 있습니다

딸아이의 엄마, 엄마의 엄마
젊은 할머니는 나락 가마니를 업어요
아홉 살 나도 종종걸음이랍니다

가을마당 한 모퉁이엔
아버지와 큰오빠의 무덤이 나란히 가을걷이를 돕고 있어요
둘째 오빠는 역마살이 들어 부재중이에요
이슥한 밤이에요, 벼 타작은 끝을 모르죠
소음이 심한 원동기는 가다 서다
북데기는 산을 쌓아 하현달 끌어와요
둥근 산더미만 보면 잠드는 아이랍니다
눈매가 슬픈 하현달은 자장가를 불러 주지요
사랑은, 모질고 질긴 다섯 배미 가을 타작마당
찬 서리에 하얗게 야위어가고 있답니다

젊은 엄마가 꺼져가는 하현달을 껴안은 가을마당
아버지의 지독한 유산이랍니다

—시 「하현달」 뒷부분

아버지의 부재로 인해 어머니의 농사일은 갑절로 힘들어졌고, 큰오빠의 상실은 어머니의 마음을 몇 곱절

더 아프게 했다. 여자들끼리 모여 벼 타작을 하는 가을 마당을 떠올리던 시인은 '북데기는 산을 쌓아 하현달 끌어'오면 '둥근 산더미만 보면 잠드는 아이'로 돌아가 하현달의 자장가를 들으며 현실의 고난을 이겨내기 위해 새로운 꿈을 꾼다. '아버지의 지독한 유산'과 더불어 살아야 하는 지난至難함을 헤쳐 나가는 길은 눈을 뜨고 있는 현실이 아닌 꿈을 꿀 때만 가능했을지도 모른다. 시인은 점점 더 어머니의 아픔 속으로 파고 들어간다. 아픔을 이기는 길은 아픔을 외면하는 데 있는 것이 아니라 아픔과 함께 뒹굴면서 그것을 온몸으로 받아들이는 데 있다는 것을 시인은 알고 있었던 것이다.

앞 베란다에 금송화가 한창이네요
있잖아요, 별 좋은 가을이에요
여든 살 귀에 소곤소곤
금송화 얘기를 나눌까 봐요

한평생 흙과 연애하셨던 당신
요즘은 창가에 앉아 있는 시간이
하루의 절반이랍니다

—애야, 네가 심은 장미가 한창이란다

장미가 붉게 타오르는 오뉴월이면
여든 살 달뜬 장미 전화선 붉게 물들던,

—시 「엄마의 정원」 일부분

저녁 마당이에요
전깃불이 없는 두루 판 모깃불 피워요
연기를 따라 별똥별 삶은 감자 불러내죠
사카린은 보드라운 속살을 달콤하게 해요
샘물에 등목을 치는 오라버니의
구멍 난 러닝셔츠
스물아홉 별똥별이 되었죠
한여름 밤 별똥별을 품은 어머니
붉은 연기 흐르는 눈물이에요

당신의 아흔 살 눈물 마르자
별똥별 꼬리를 그으며 사라져갔죠

—시 「별똥별」 전문

삼대가 풀숲에 앉아 있다

네 살 때 작별한 아버지
한평생 무덤에 터를 닦고 계신다

나는 아버지의 무덤과 작별했던 세월만큼
고만고만한 아들딸, 조카들 끼고 사진을 찍는다
덤불 속 벌초, 환한 검정 스웨터
어머니는 외손자 부둥켜안고 있다

—시 「기억은 과거를 먹는다」 일부분

어머니의 본향은 큰오빠와 아버지가 존재하는 곳이고, 시인의 본향은 어머니가 존재했던 곳이다. 삼대가 풀숲에 앉아 아버지께서 닦아 놓으신 본향에서 아버지와 어머니, 큰오빠와 나 그리고 아들딸과 조카들이 한데 어우러질 수 있는 공간이 진정한 본향의 현신現身이 아닐까 하는 생각을 가져본다.

정체성 탐색 2 : 구어체와 유아적 순수함으로 닿은 본향, 동심

〈어린이의 마음으로 돌아가자. 자기가 알고 있는 상식, 관습의 옷을 벗고 어린이의 순수한 자세로 돌아가야 한다. 일상인들은 현실에 잘 길들여져 있다. 그래서 특별한 체험 외에 일상적 체험에 대해서는 그저 상투적으로 인식한다. 반면 어린이는 눈에 들어오는 것, 귀에 들리는 것, 혀에 닿는 사물들이 다 호기심의 대상이 된다.

따라서 자기가 가지고 있는 감각을 최대한 동원해서 대상을 파악하고 이해하려고 한다. 이런 태도가 바로 일상적, 상식적 인식의 껍질을 벗는 방법이 된다. 관습적 인식, 고정관념을 벗어나기 위해서는 자명한 사실이나 현상에도 의심을 해보는 버릇을 가져야 한다. 어린이의 호기심이 되어야 질문이 나온다.〉

—장옥관의 「시는 어디에서 오는가」에서

허정란 시인의 시의 바탕에 깔려 있는 본향에 대한 그리움을 더욱 애틋하게 하고 그 그리움이 독자들의 마음속에 닿아 또 다른 그리움으로 고이게 하는 것은 바로 시를 이끌어가는 말투인 어조다. 구어체 어조와 순수한 유아적인 목소리는 어른들의 오염된 생각으로는 이루어낼 수 없는 큰 힘을 가지고 있다. 독자들로 하여금 그 순수한 목소리에 쉽게 동화同化되게 한다. 위정자들이 가두街頭에서 제 목소리만으로는 모자라 스피커 볼륨을 끝까지 높여 외쳐대는 소리는 외면당하기 십상이지만, 어린아이가 작고 여린 목소리로 자기 생각을 건넬 때는 듣고 있는 모두가 쉽게 수긍을 하는 이치와 같다고 볼 수 있다. 장옥관 시인의 말처럼 사물을 바라보는 태도에 있어서도 '어린이의 마음'

이 중요한 것처럼 사물에 대한 생각과 느낌을 말하는 어조 또한 '어린이의 마음'이 매우 중요하다. 구어체 어조와 유아적인 어조는 일상적, 상식적 인식의 껍질에서 벗어나 친근감과 함께 상대를 신뢰하게 하는 큰 힘을 가지고 있기 때문이다.

허정란 시인이 자신의 본향, 그리고 어머니와 큰오빠의 본향을 탐색해 오던 작업은 손주들을 만나면서 방향 전환을 이룬다. 어머니와 큰오빠의 본향이 상상 속에서 존재하는 것이었다면 손주들을 얻은 뒤부터는 스스로 동심의 세계로 돌아가 손주들 속으로 들어감으로써 어머니와 큰오빠의 본향 탐색을 매조지 하고 '동심'이란 또 다른 본향을 만날 수 있게 된다. '동심'이란 본향에는 아픔보다 기쁨, 슬픔보다는 즐거움이 둥지 속에서 기다리고 있다는 것을 시인은 깨닫게 된다.

구석이에요, 쪼그리고 앉아 있죠
변기통 앞 금지는 공지글이에요
꼬마 주인님의 확고한 금지선이죠
할미님의 노파심은 주인님의 토끼 똥이에요
다행이에요,
구석의 지정석은 부엌 싱크대에요, 화장실 대리이에요

거실 중앙의 시선은 모두가 구석에요
통통한 엉덩이에요, 황금 덩어리 한 알
날것으로 떨어져요, 토끼 똥이라 불러요
—할미 똥 쌌어요, 냄새가 지독하죠? 지독하죠?
주인님은 예를 다 해요 묻고, 또 묻죠
한 손으로 코를 잡고 작은 얼굴은 찡그려요
토끼 똥은 예쁘고 냄새도 없어요, 참말이에요
통통한 엉뎅이 찰싹, 은방울 굴러가는 소리예요

보물단지예요, 구석구석 씻겨져요
구석 놀이하죠

—시 「구석 놀이」 전문

인간이 살아가면서 가장 필수적으로 수행해야 하면서도 몹시 경원시하는 것이 화장실 문제다. 자신의 일은 개운함을 동반하지만 남의 일은 불쾌감과 불결함이 도사리고 있기 때문이다. 이런 불쾌감과 불결함을 동반하는 일이 손주에게서 일어났을 때는 어떤 반응이 나타날까? '토끼 똥은 예쁘고 냄새도 없어요, 참말이에요/통통한 엉뎅이 찰싹, 은방울 굴러가는 소리'라고 표현해 놓고 있다. 자기 최면에 걸려도 단단히 걸린 상태가 아니면 냄새나고 불결하게 느껴지는 상황인데도 불구하고 '예쁘고 냄새도 없으며 은방울 굴러가는 소리'라고 할 수는 없을 것이다. 이렇게 시인의 마음을 홀리는 가장 큰 이유는 바로 손주가 시인에겐 본향이기 때문이다. 가장 아름답고 이상적인 세계가 존재하는 오로빌이 곧 손주요, 손주의 마음이 담긴 동심이다. 어머니와 큰오빠에게서는 과거의 본향을 탐색했다면 손주에게선 미래의 본향을 발견했을 것이다. 그래서 '구석진 곳'이 지상의 중심이 되고, 행복과 기쁨을 일구어가는 가장 아름다운 공간이면서 놀이의 공간이 되기도 한다.

털이 부드러운 인형
내리뜬 눈 손녀 닮았다
부엉이는 부귀영화라는데
나를 들었다 놨다
아이는 나를 들었다 놨다
동그란 눈 당최 맞추지 않는다
앰한나이 네 살
새침하다 도도하다
작은 몸
으스러지게 안아볼까

엷구리라도 간질여 볼까
말랑말랑 까르르

—시 「세 살 윤슬이」 전문

부엉이 눈을 가진 인형, 손녀의 눈도 인형의 눈을 닮았다. 그 귀엽고 예쁜 눈과 한번 눈 맞추고 싶지만 미운 네 살인 손녀는 새침하고 도도하여 아예 눈 맞춤을 허락할 생각이 없다. 그냥 할머니를 무시해 버린다. 그런 모습마저도 귀엽고 예쁜 짓으로 보였던지 '으스러지게 안아볼까,/엷구리라도 간질여 볼까' 하고 동심의 세계에 동화되기 위해 안간힘을 쓰는 시인의 모습이 몹시 안쓰럽기까지 하다. 하지만 정작 시인의 마음은 안쓰럽다기보다 '말랑말랑 까르르'처럼 행복이 입꼬리를 따라 치솟아 올라가고 있는 느낌임을 짐작해 낼 수 있다. 영국의 계관시인 윌리엄 워즈워드는 시 「내 가슴은 뛴다」에서 '어린이는 어른의 아버지'라고 했다. 동심의 세계야말로 정녕 인간의 본향이라고 해도 결코 지나친 말은 아닐 것이다.

동그란 자석이에요

압봉에서 떼어낸 검정 알이랍니다

한 알을 붙이면 애벌레 마디가 생겨요
애벌레가 소파를 타고 기어올라요

아이가 집게손을 내밀어요
−귀여운 애벌레는 나밖에 몰라, 내가 키울 수 있어
앵무새처럼 말해요
검정 알, 세모 집을 지으며 놀아요

−시 「소꿉놀이」 일부분

압봉을 가지고 소꿉놀이하는 손주의 모습을 보고 쓴 작품이다. 장옥관 시인의 말처럼 '자기가 알고 있는 상식, 관습의 옷을 벗고 어린이의 순수한 자세로 돌아가야' 쓸 수 있는 게 시다. 소꿉놀이하는 어린아이의 모습을 바라보면서 시인의 마음이 순수한 동심의 세계로 돌아갔을 때 비로소 얻을 수 있는 것이 시적 영감이다. 이런 관점에서 본다면 허정란 시인의 또 하나의 시적 본향은 당연히 동심이라 할 수 있다.

본향에서 꽃 피운 시

〈시인의 힘은 언어에 있다. 시인의 언어란 그야말로 삼라만상의 정령을 불러내고 온 우주의 생기를 풀어낸다.

시인의 언어란 단순한 부호가 아니다. '하늘' 하면 저 하늘이 지닌 모든 신비를 담아내고, '땅' 하면 그 땅이 거느리고 있는 비의秘義를 드러낸다. 따라서 시인이란 존재는 영원한 것이다. 바로 시인이 부르는 하늘에 낭자한 별꽃들은 쏟아지고, 땅에는 초록빛 영혼들이 피어나기 때문이다. -중략- 시란 꼬물거리는 구더기에서 불경의 활자를 상상하고, 풀꽃 속에서 우주를 노래하는 감흥의 세계이자, 남다른 세계 해석의 정신적 산물이다. 그래서 시인은 예술가로서 세계 존재를 사랑하고, 의미 있게 해석하려고 노력해야 한다. 왜냐하면 시인은 견자見者이고 광인狂人이며, 선사禪師는 물론 철인哲人의 눈높이를 가져야 하기 때문이다. 그런 인문학적 소양이 풍부하고 깊은 시안을 지닌 언어마술사, 투철한 자기 도전의 예술가적 기질을 지닌 자만이 진정 좋은 시를 쓸 수 있다.〉

-문영광의 『시작법의 논리와 전략』에서 가려 뽑음

허정란 시인이 탐색한 시적 본향은 어머니와 큰오빠, 그리고 동심이다. 시인의 본향과는 달리 어머니가 꿈꾸는 본향은 큰오빠가 머물고 있는 천상인지도 모른다. 허정란 시인은 말하듯이 표현한 구어체口語體와 유아적 어조를 통해 애틋한 마음으로 과거의 본향인 어머니와 큰오라버니에 닿고자 했고, 기쁘고 갸륵한 마음으로 미래의 본향인 동심에 이르고자 했다. 물론 거기에 필수적으로 따른 것이 옹이를 관솔불로 승화시킨 인문학적 내공이다. 그 내공이 바탕에 있었기에 본향에 닿을 수 있었다고 생각한다. 허 시인은 과거의 본향과 미래의 본향을 시의 원천으로 삼아 친근한 느낌의 구어체와 순수함이 배어 있는 유아적 어조로써 자신만의 시 세계를 펼쳐 놓았다. 자신의 언어로써 새로운 시 세계를 활짝 꽃 피운 허정란 시인의 시를 읽는 동안, 순수와 감동의 세계로 빠져드는 행복에 젖어들 수 있었다. 허정란 시인의 또 다른 시적 본향을 만날 날을 기대해 본다.